cocina**fácil**internacional

Pasta

cocina**fácil**internacional

Pasta

CONTENIDO

TÉCNICAS 6

RECETAS 8

Clave de símbolos

Las recetas de este libro están acompañadas por símbolos que indican información importante.

 Informa el número de comensales para los que está pensada la receta, o la cantidad.

Indica el tiempo necesario para preparar y cocinar un plato. Junto a este símbolo se indica si es necesario tiempo adicional para operaciones como marinar, reposar, dejar que suba una masa o enfriar. Deberá leer la receta para saber exactamente cuánto tiempo más se necesita.

 Avisa lo que hay que hacer antes de comenzar a cocinar la receta, o partes de la misma que requieran un tiempo prolongado.

 Indica la necesidad de utensilios especiales. Siempre que sea posible, se ofrecen alternativas.

 Introduce información sobre congelación.

Técnicas

Cocer pasta

Esta pasta es imprescindible en la cocina, pues es la base de muchos platos rápidos.

1 Lleve a ebullición agua con sal en una olla grande y añada con cuidado la pasta (100 g por persona). Baje el fuego y deje que se cocine a fuego lento.

2 Deje que hierva sin tapar el tiempo indicado en el paquete o hasta que quede *al dente* (unos 10–12 min). Escurra la pasta en un colador.

Hervir fideos

Los fideos deben sumergirse en agua caliente o hervirse unos minutos antes de su uso.

1 Lleve a ebullición el agua en una olla grande. Añada los fideos y espere a que el agua vuelva a hervir. Déjelos unos 2 min hasta que queden blandos y flexibles.

2 Escúrralos en un colador y póngalos bajo un chorro de agua fría para detener la cocción. Escúrralos de nuevo. Remuévalos con un poco de aceite para que no se peguen y siga con la receta elegida.

Pelar y despepitar tomates

Antes de usarlos en salsas o sopas, los tomates se deben pelar y despepitar.

1 Quite el pedúnculo al tomate y haga una incisión en forma de X en la piel de la base. Póngalo unos 20 s en agua hirviendo hasta que la piel se abra.

2 Sáquelo del agua con una cuchara o espumadera y métalo inmediatamente en un bol con agua fría.

3 Cuando se haya enfriado lo suficiente para manipularlo, pélelo con un cuchillo puntilla.

4 Córtelo por la mitad y exprímalo suavemente sobre otro bol para extraer las pepas o semillas.

Salsa de tomate

Una sencilla salsa realmente versátil

INGREDIENTES

4 cdas. de aceite de girasol
1 cebolla blanca picada
1 diente de ajo picado
4 cdas. de puré de tomate
800 g de tomates picados
8 hojas de albahaca picadas
sal y pimienta negra recién molida

PREPARACIÓN

1 Caliente aceite en una sartén grande a fuego medio. Añada la cebolla y el ajo, y sofría 5–8 min o hasta que se doren. Revuelva.

2 Agregue el puré de tomate, los tomates con su jugo, la mitad de la albahaca, salpimiente al gusto y revuelva. Baje el fuego y deje que se cocine a fuego lento, sin tapar, 20 min o hasta que la salsa espese.

3 Añada el resto de albahaca y revuelva justo antes de servir.

Para 600 ml

Prep. 5 min
• cocinar 30 min

Congelar
hasta un mes

Tallarines con hinojo y aceitunas

Las aceitunas, el hinojo y el vino blanco aportan sabores intensos a este plato saludable

INGREDIENTES

2 bulbos de hinojo, picados en trozos no muy pequeños
1 cda. de aceite de oliva
1 cebolla roja muy picada
sal y pimienta negra recién molida
1 vaso pequeño de vino blanco seco
2 dientes de ajo machacados o muy picados
1 puñado de aceitunas negras sin hueso
350 g de tallarines secos o frescos
queso parmesano rallado, para servir

PREPARACIÓN

1 Ponga el hinojo en una cacerola, cúbralo con agua hirviendo y déjelo al fuego un par de minutos. Escúrralo pero reserve algo del líquido.

2 Caliente el aceite en una sartén grande y sofría la cebolla con una pizca de sal a fuego suave 5 min o hasta que esté tierna y transparente. Suba el fuego y vierta el vino; deje con un hervor suave 3–5 min. Añada el ajo, el hinojo y el líquido de cocción reservado. Incorpore las aceitunas y siga cocinando a fuego suave 5 min. Salpimiente.

3 Mientras tanto, cocine la pasta en una cacerola grande de agua hirviendo con sal 6 min o hasta que esté cocida pero aún *al dente*. Escúrrala y reserve una pequeña cantidad del agua de la cocción. Devuelva la pasta a la cacerola y agregue la mezcla de hinojo y aceitunas, revolviendo bien. Espolvoree el parmesano por encima y sirva.

Para 4

Prep. 10 min
• cocinar 20 min

Pasta con cangrejo y limón

La acidez del limón es una compañía excelente para el delicado sabor del cangrejo

INGREDIENTES

1 cda. de aceite de oliva
1 cebolla blanca grande en julianas finas
sal y pimienta negra recién molida
2 dientes de ajo en láminas
ralladura y jugo de 1 limón
1 manojo de perejil muy picado
200 g de carne de cangrejo, fresco o de lata
350 g de tallarines o espaguetis secos
aceite aromatizado de ají, para servir (opcional)

PREPARACIÓN

1 Caliente el aceite en una sartén grande y sofría la cebolla con un poco de sal a fuego suave 5 min o hasta que esté tierna y transparente. Incorpore el ajo y la ralladura de limón, y deje que se cocine unos segundos más.

2 Añada el perejil y la carne de cangrejo. Sazone muy bien con sal y abundante pimienta negra. Vierta jugo de limón al gusto.

3 Mientras tanto, cocine la pasta en una cacerola grande de agua hirviendo con sal 6–8 min o hasta que esté cocida pero todavía *al dente*. Escúrrala pero reserve una pequeña cantidad del agua de la cocción. Devuelva la pasta a la cacerola y mézclela bien con la salsa de cangrejo. Rocíe con aceite aromatizado de ají si lo desea, y sirva.

Para 4

Prep. 5 min
• cocinar 10 min

Pappardelle con solomillo de cerdo, ajo asado y vinagre balsámico

Este plato reúne los sabores rotundos y la dulzura del ajo asado
y el vinagre balsámico

INGREDIENTES

1 cabeza de ajo, entera y con la parte superior cortada
1 cda. de aceite de oliva
1 cebolla blanca cortada en julianas
300 g de solomillo de cerdo en dados
1–2 cdas. de vinagre balsámico de calidad
1 cda. de concentrado o pasta de tomate
1 cda. de harina
300 ml de caldo de vegetales caliente
sal y pimienta negra recién molida
1 manojo pequeño de perejil, muy picado
350 g de pasta *pappardelle* seca

PREPARACIÓN

1 Precaliente el horno a 200 °C (gas 6). Ase el ajo en el horno 20 min y luego resérvelo para que se enfríe. Mientras tanto, caliente el aceite en una sartén grande con la cebolla, 5 min a fuego medio, hasta que se dore ligeramente. Añada la carne y saltéela 5 min o hasta que se dore. Vierta el vinagre balsámico, suba el fuego y deje que se cocine unos minutos más.

2 Incorpore el concentrado de tomate, seguido de la harina y luego el caldo. Revuelva bien para eliminar posibles grumos. Llévelo a ebullición y manténgalo con un hervor entre moderado y fuerte 10 min, o hasta que la salsa espese y se reduzca. Añada agua hirviendo si se seca demasiado. Condimente generosamente con sal y pimienta. Extraiga presionando los ajos fríos de la cabeza, píquelos no muy fino e incorpórelos a la salsa junto con la mitad del perejil.

3 Mientras tanto, cocine la pasta en una cacerola grande de agua hirviendo 6 min o hasta que esté cocida pero todavía *al dente*. Escúrrala y reserve una pequeña cantidad del agua de la cocción. Devuelva la pasta a la cacerola, mézclela bien con la salsa y sírvala adornada con el perejil restante.

Para 4

Prep. 10 min
• cocinar 30 min

Tallarines con almejas

Desde las costas del Mediterráneo hasta las del Adriático se cocinan variantes de este popular plato de pasta

INGREDIENTES

2 cdas. de aceite de oliva
1 cebolla bien picada
2 dientes de ajo muy picados
400 g de tomates picados
2 cdas. de puré de tomates secos
120 ml de vino blanco seco
280 g de almejas de lata al natural, escurridas y reservando el jugo
sal y pimienta negra recién molida
350 g de tallarines
4 cdas. de perejil picado más un poco para decorar

PREPARACIÓN

1 Caliente el aceite en una sartén grande a fuego medio. Añada la cebolla y el ajo, y fría 5 min o hasta que se ablanden, removiendo constantemente. Agregue los tomates con su jugo, el puré de tomate, el vino y el jugo de las almejas reservado, y salpimiente al gusto. Baje el fuego al mínimo, tape parcialmente la sartén y deje cocer la salsa a fuego lento 10–15 min, removiendo de vez en cuando.

2 Mientras, ponga a hervir en una olla grande agua con sal. Añada los tallarines, remueva y hierva 10 min o el tiempo que se indique en las instrucciones del paquete. Escurra la pasta en un colador grande.

3 Agregue las almejas y el perejil picado a la salsa y siga cociendo 1–2 min. Salpimiente al gusto.

4 Añada los tallarines a la salsa y mezcle todos los ingredientes con dos cucharas grandes hasta que se impregne bien la pasta y las almejas se distribuyan uniformemente. Espolvoree con perejil y sirva de inmediato.

Para 4

Prep. 5 min
• cocinar 30 min

Pasta con judías flageolet, perejil y limón

La salsa de esta receta no requiere cocción, algo ideal si lo que se busca es la rapidez

INGREDIENTES

1 cebolla roja muy picada
1 lata de 400 g de judías *flageolet**, escurridas
   y lavadas
1 manojo de perejil, picado
1 diente de ajo rallado o bien picado
2 cucharadas de vinagre balsámico de calidad
ralladura de 1 limón y jugo de medio limón
sal y pimienta negra recién molida
350 g de *orecchiette* u otras conchas pequeñas
   de pasta seca

PREPARACIÓN

1 Ponga los primeros seis ingredientes en un bol grande y mézclelos bien. Salpimiente bien y deje reposar mientras prepara la pasta: en ese tiempo se desarrollarán los sabores.

2 Cocine la pasta en una cacerola grande de agua hirviendo con sal 10 min o hasta que quede cocida pero todavía *al dente*. Escúrrala; conserve una pequeña cantidad del líquido de la cocción. Devuelva la pasta a la cacerola, añádale la salsa, mezcle, revuelva bien y sirva.

---

* Use frijoles blancos como alternativa a las judías *flageolet*.

Para 4

Prep. 10 min
• cocinar 10 min

Macarrones al horno con salchichas y tomate

Para esta receta use macarrones ligeramente más grandes que la media y hornéelos con una sabrosa salsa de carne de salchicha

INGREDIENTES

500 g de salchichas o butifarras pinchadas con un tenedor
2 cebollas blancas grandes poco picadas
2 dientes de ajo muy picados
800 g de tomates picados
2 cdas. de albahaca picada y un poco más para decorar
sal y pimienta negra recién molida
500 g de macarrones
125 g de *mozzarella* cortada en tiras

PREPARACIÓN

1 Ponga agua en una sartén grande y honda y lleve a ebullición. Introduzca las salchichas en la sartén y hierva a fuego lento 2 min o hasta que pierdan color. Escurra las salchichas y deje que se enfríen. Una vez frías, quíteles la piel y desmenuce la carne.

2 Vacíe la sartén, vuélvala a poner al fuego, añada la carne de las salchichas y cocine 5 min. Agregue las cebollas y el ajo, y cocine otros 3 min o hasta que se ablanden.

3 Agregue los tomates y la albahaca, revuelva y salpimiente al gusto. Deje hervir la salsa a fuego lento 10 min o hasta que espese, revolviendo de vez en cuando.

4 Mientras tanto, precaliente el horno a 180 °C (gas 4). Lleve a ebullición una olla grande de agua con sal y añada los macarrones. Retire y escurra los macarrones 3 min antes del tiempo recomendado en el paquete y vuelva a echarlos en la olla.

5 Mezcle casi toda la carne y la salsa con los macarrones. Sirva en 4 platos pequeños o en una bandeja grande y vierta la salsa reservada por encima. Espolvoree con el queso en tiras.

6 Hornee 20 min o hasta que la salsa burbujee y el queso se funda y se dore. Sirva caliente, adornado con hojas de albahaca.

Para 4

**Prep. 20 min
• cocinar 50 min**

**Sartén grande
• 4 platos
pequeños de
horno o una
bandeja grande
de 33x23 cm**

Tallarines con vieiras

Este plato con deliciosas vieiras y una pizca de ají y lima es ideal
para comidas, cenas o fiestas

INGREDIENTES
400 g de tallarines
sal y pimienta negra recién molida
5 cdas. de aceite de oliva más un poco para pintar
jugo de 1 lima
1 ají rojo fresco bien picado
12 vieiras
2 cdas. de cilantro picado

PREPARACIÓN
1 Hierva los tallarines en agua salada 8 min o el tiempo indicado en las instrucciones del paquete.
Escúrralos y manténgalos calientes.

2 Mientras se cocina la pasta, prepare la salsa. Exprima la lima y bata el jugo con 5 cdas. de aceite.
Añada el ají picado y la mitad del cilantro picado. Salpimiente al gusto. Mezcle la salsa con los
tallarines escurridos, reserve y mantenga caliente.

3 Caliente una plancha o una sartén grande a fuego alto. Pinte las vieiras con aceite de oliva
y cocínelas 3 min, dándoles la vuelta una vez. No las cocine demasiado o quedarán duras.

4 Reparta los tallarines en 4 platos y coloque las vieiras sobre ellos. Sirva enseguida con el cilantro
restante espolvoreado por encima.

Para 4

Prep. 10 min
• cocinar 8 min

Pasta al horno con atún

Rápido y hecho con ingredientes básicos en una cocina,
es un plato ideal para un día ajetreado

INGREDIENTES

200 g de conchas de pasta
300 g de crema de champiñones de lata o muy condensada
120 ml de leche
200 g de atún en aceite escurrido y en trozos
200 g de maíz dulce lavado y escurrido
1 cebolla blanca bien picada
1 pimiento rojo sin semillas y muy troceado
4 cdas. de hojas de perejil picadas
una pizca de ají en polvo (opcional)
115 g de queso *cheddar* o *cheshire* rallado
sal y pimienta negra recién molida

PREPARACIÓN

1 Ponga a hervir agua y sal en una olla grande a fuego alto. Luego, añada la pasta, revuelva
y cocine 2 min menos del tiempo que se indique en el paquete.

2 Mientras tanto, precaliente el horno a 220 °C (gas 7) y engrase una bandeja de horno de 1,5 l.

3 Escurra la pasta y reserve. En la misma olla, caliente la crema de champiñones y la leche a
fuego bajo. Añada el atún, el maíz, la cebolla, el pimiento, el perejil, el ají en polvo (opcional)
y la mitad del queso, y revuelva. Cuando esté caliente, agregue la pasta y revuelva.

4 Vierta la mezcla en la bandeja y aplane la superficie. Espolvoree el queso restante por encima.
Hornee el plato 30–35 min o hasta que la parte de arriba se dore. Sirva caliente, directamente
de la bandeja.

Para 6

**Prep. 10 min
• cocinar 40 min**

**Bandeja de
horno de 1,5 l**

Espaguetis al estilo romano

Rápida de preparar, es una comida ideal cuando hay poco tiempo

INGREDIENTES

4 cdas. de aceite de oliva
2 cebollas blancas pequeñas en rodajas finas
175 g de tocineta, sin corteza y cortada en tiras
150 ml de vino blanco seco
800 g de tomates picados
sal y pimienta negra recién molida
450 g de espaguetis
150 g de queso *pecorino** curado y rallado

PREPARACIÓN

1 Caliente el aceite en una sartén grande a fuego medio. Añada las cebollas, revuelva y fría 5 min o hasta que se ablanden, pero sin dorarse. Añada la tocineta y siga friendo y revolviendo unos 5 min o hasta que esté cocida.

2 Añada el vino y espere hasta que la mitad se haya evaporado. Agregue los tomates, revuelva, baje el fuego al mínimo y cocine a fuego lento 15 min o hasta que se ablanden y espesen. Añada sal y pimienta al gusto.

3 Mientras tanto, ponga a hervir agua y sal en una olla a fuego alto. Añada los espaguetis y revuelva. Hierva 10 min o el tiempo que se indique en el paquete, o hasta que la pasta esté al dente. Escurra bien los espaguetis, mézclelos con la salsa y revuelva, asegurándose de que se cubran bien. Luego, agregue el queso y revuelva. Vuelva a sazonar si hace falta y sirva.

---

*   Use queso parmesano como alternativa al queso *pecorino*.

Para 4

Prep. 10 min
• cocinar 15 min

Macarrones con queso

Una comida familiar, sencilla y nutritiva

INGREDIENTES

400 g de macarrones
85 g de mantequilla
100 g de pan rallado
4 cdas. de harina
1 cdta. de mostaza en polvo
una pizca de nuez moscada
400 ml de leche tibia
175 g de queso *cheddar* rallado grueso
100 g de *mozzarella* escurrida y en dados pequeños
60 g de queso parmesano rallado grueso

PREPARACIÓN

1 Ponga a hervir una olla con agua y sal a fuego alto. Añada los macarrones y cocínelos 2 min menos de lo que se indica en el paquete. Escurra bien y reserve, quitando el exceso de agua.

2 Mientras tanto, precaliente el horno a 200 °C (gas 6) y engrase una bandeja de horno. Derrita 25 g de mantequilla en una olla pequeña. Añada el pan rallado, revuelva, retire la olla del fuego y reserve.

3 Derrita la mantequilla restante en una olla grande a fuego medio. Espolvoree la harina por encima y revuelva 30 s. Agregue la mostaza en polvo y la nuez moscada, y retire la sartén del fuego. Añada lentamente la leche y revuelva. Devuelva la sartén al fuego y lleve la mezcla a ebullición batiendo 2–3 min o hasta que la salsa espese. Retire del fuego. Luego, añada el queso rallado y revuelva hasta que se funda sin formar grumos. Agregue luego los macarrones y la *mozzarella*, y revuelva.

4 Traslade la mezcla a la bandeja y alise la superficie. Mezcle el pan rallado con el queso parmesano y espolvoree por encima. Coloque la bandeja en una lata de horno y hornee unos 25 min, o hasta que esté bien caliente y se dore por encima. Deje reposar 2 min y sirva directamente en la bandeja.

Para 6

Prep. 20 min
• cocinar 35 min

Macarrones al horno con jamón y pimientos

Rápido de hacer y repleto de sabores, este plato es ideal para una comida entre semana o para una fiesta informal

INGREDIENTES

400 g de macarrones
sal y pimienta negra recién molida
1 cda. de aceite de oliva
1 cebolla roja bien picada
1 diente de ajo machacado
1 pimiento rojo muy picado
400 g de tomates de lata picados
250 g de jamón ahumado en dados
3 cdas. de vino blanco seco o caldo de vegetales
2 cdtas. de orégano seco
75 g de pan rallado
3 cdas. de queso parmesano recién rallado
2 cdas. de mantequilla derretida

PREPARACIÓN

1 Precaliente el horno a 200 °C (gas 6). Lleve a ebullición agua con sal en una olla y añada los macarrones. Hierva a fuego lento 8–10 min o según las instrucciones del paquete, hasta que se cocinen pero estén al dente. Escurra bien.

2 Mientras tanto, caliente el aceite en una olla y fría la cebolla, el ajo y el pimiento rojo a fuego medio durante 5 min o hasta que se ablanden sin dorarse. Revuelva a menudo.

3 Añada los tomates, el jamón, el vino (o caldo) y el orégano, y lleve a ebullición. Hierva a fuego lento, sin tapar, 2–3 min más para que se reduzca un poco. Retire entonces del fuego, agregue los macarrones, revuelva y salpimiente al gusto.

4 Vierta la mezcla en una bandeja de horno y reparta uniformemente. Mezcle el pan rallado con el parmesano y la mantequilla, luego extienda por encima. Ponga la bandeja en la lata del horno y hornee 15–20 min o hasta que se doren y el queso burbujee. Sirva en la misma fuente.

Para 4

Prep. 10 min
• cocinar 20–25 min

Tallarines Alfredo

Un plato sencillo preparado con ingredientes de calidad

INGREDIENTES

600 g de tallarines frescos o 450 g si son secos
115 g de mantequilla sin sal en trozos
250 ml de crema de leche para batir
75 g de queso parmesano recién rallado
    más un poco para servir
sal y pimienta negra recién molida

PREPARACIÓN

1 Ponga a hervir agua con sal en una olla grande y añada la pasta. Hierva a fuego lento 1–2 min si la pasta es fresca y 10–12 min o hasta que se cocine, pero esté al *dente*, si es seca. Escúrrala bien, devuélvala a la olla y tape para mantenerla caliente.

2 En otra olla grande, derrita la mantequilla, añada la crema de leche y cocine hasta que esté caliente pero sin hervir. Baje el fuego al mínimo, añada la pasta cocida y el parmesano rallado y salpimiente al gusto. Revuelva suavemente la pasta para que se cubra bien y sirva enseguida con virutas de queso por encima.

Para 4

**Prep. 5 min
• cocinar 15 min**

Pappardelle al ragù

El *ragù*, una salsa de carne sabrosa y cocinada a fuego lento, va bien con espaguetis, tallarines o lasaña

INGREDIENTES

30 g de mantequilla
2 cdas. de aceite de oliva
100 g de tocineta cortada en dados
1 cebolla blanca pequeña bien picada
1 apio bien picado
1 zanahoria bien picada
2 dientes de ajo picados
400 g de carne de cordero o ternera sin grasa y molida
100 ml de caldo de carne
2 cdas. de puré de tomate
400 g de tomates de lata picados
sal y pimienta negra recién molida
75 ml de leche caliente
450 g de *pappardelle*
queso parmesano rallado para servir

PREPARACIÓN

1 Derrita la mantequilla con el aceite en una olla honda y fría la tocineta 1–2 min. Añada la cebolla, el apio, la zanahoria y el ajo, y fría, revolviendo constantemente, 10 min o hasta que la cebolla se ablande sin dorarse. Revuelva constantemente.

2 Agregue la carne, separando los trozos, y cocine 10 min más o hasta que adquiera un color uniforme. Revuelva constantemente. Añada el caldo, el puré de tomate y los tomates, salpimiente al gusto y lleve a ebullición.

3 Baje el fuego al mínimo, tape la olla y hierva a fuego lento durante 1 h 30 min. Revuelva de vez en cuando para evitar que se pegue y añada más caldo si hace falta. Agregue leche al *ragù*, revuelva y hierva a fuego lento 30 min más.

4 Ponga agua con sal a hervir, añada los *pappardelle* y cocine a fuego lento 8–10 min o hasta que se cocinen pero estén al dente. Escurra bien, añada el *ragù* por encima y sirva con queso parmesano recién rallado.

Para 4

Prep. 15 min
• cocinar
2 h 30 min

Congelar la salsa
hasta tres meses

Espaguetis con mariscos

Un plato tradicional con una pizca de especias y los mariscos más frescos de temporada

INGREDIENTES

3 cdas. de aceite de oliva
1 cebolla blanca pequeña bien picada
2 dientes de ajo muy picados
500 ml de salsa natural de tomate con trozos
¼ de cdta. de ají troceado
450 g de mejillones limpios
450 g de chipirones limpios y cortados en anillos
4 cdas. de vino blanco seco
½ limón en rodajas
450 g de espaguetis
sal y pimienta negra recién molida
12 langostinos grandes pelados
3 cdas. de hojas de perejil picadas

PREPARACIÓN

1 Caliente el aceite en una olla grande, y sofría la cebolla y el ajo a fuego lento, revolviendo, 3–4 min o hasta que estén blandos y dorados. Añada la salsa de tomate y el ají, y hierva a fuego lento 1 min.

2 Mientras tanto, coloque los mejillones y los chipirones en una sartén con el vino y las rodajas de limón, tape bien y lleve a ebullición. Cocine 3–4 min o hasta que los mejillones se abran, revolviendo la sartén de vez en cuando. Retire del fuego, escurra el líquido por un colador y reserve. Retire el limón y los mejillones cerrados. Reserve algunos mejillones en su concha para decorar y vacíe el resto.

3 Cocine los espaguetis en una olla con agua hirviendo, un poco salada. Siga las instrucciones del paquete o retire del fuego cuando estén *al dente*.

4 Entre tanto, añada el líquido de los mejillones reservado a la salsa y hierva a fuego lento, destapado, 2–3 min o hasta que se reduzca un poco. Añada los chipirones a la salsa, revuelva y hierva a fuego lento 2 min o hasta que adquieran un tono rosado. Añada los mejillones, agregue el perejil y revuelva. Salpimiente al gusto.

5 Escurra bien la pasta, vuelva a ponerla en la olla y mézclela con los mariscos y la salsa. Pásela a una bandeja grande, decore con los mejillones en su concha y sirva.

Para 4

Prep. 25 min
• cocinar 20 min

Vacíe los mejillones y deseche los que no se abran

Kasspatzle

Los *spatzle* son una variedad de pasta muy popular en Suiza.
Resulta un delicioso plato único con queso y huevo

INGREDIENTES

400 g de harina
1½ cdas. de sémola o arroz
6 huevos
100 ml de leche
½ cdta. de nuez moscada recién rallada
60 g de mantequilla
115 g de queso gruyer rallado
pimienta negra recién molida
2 cebollas largas bien picadas

PREPARACIÓN

1 Vierta la harina en un bol y añada la sémola. Bata un poco 4 huevos con leche, nuez moscada y 100 ml de agua fría. Agregue a la harina y mezcle hasta obtener una masa elástica, ligeramente pegajosa. Añada más harina si hace falta.

2 Lleve a ebullición agua con sal en una olla grande. Coloque encima un colador con los agujeros de tamaño mediano, ponga la masa en el colador y presione para que salga por los agujeros en forma de fideos que caigan al agua. Protéjase las manos del vapor.

3 Hierva la pasta 2–3 min o hasta que los fideos floten. Escurra y páselos por agua fría para detener la cocción.

4 Caliente la mantequilla en una sartén grande, añada los fideos y revuelva a fuego bajo hasta que empiecen a dorarse. Espolvoree con queso, bata los 2 huevos restantes y viértalos sobre los *spatzle*. Salpimiente al gusto y cocine 1–2 min, o hasta que el queso se funda y los huevos cuajen. Sirva el plato espolvoreado con cebolla larga.

Para 4

Prep. 20 min
• cocinar 10 min

Colador con
agujeros de
tamaño mediano

Macarrones con calabaza

El queso casa con el dulzor de la calabaza

INGREDIENTES

1 kg de calabaza pelada, sin semillas y cortada en dados
2 cebollas rojas picadas
2 dientes de ajo picados
aceite de oliva para aliñar
2 cdas. de vinagre balsámico
sal y pimienta negra recién molida
600 g de macarrones
140 g de queso gruyer rallado
6 cdas. de crema de leche
10 hojas de salvia picadas
queso parmesano rallado para servir

PREPARACIÓN

1 Precaliente el horno a 190 °C (gas 5). Ponga la calabaza, la cebolla y el ajo en un molde grande, rocíelos con el aceite y el vinagre balsámico, y salpimiente al gusto. Hornee la calabaza 40 min, o hasta que se cocine y se caramelice ligeramente, revolviendo de vez en cuando.

2 Mientras tanto, cocine la pasta en una olla con agua y sal según las instrucciones del paquete o hasta que esté *al dente*. Escurra la pasta. Mezcle el gruyer y la crema de leche con los vegetales para hacer una salsa espesa. Añada la salvia.

3 Vierta la salsa sobre la pasta y añada un poco de aceite de oliva. Espolvoree el parmesano rallado.

Para 6

Prep.15 min
• cocinar 40 min

Canelones de espinacas y ricotta

La combinación se realza con la bechamel y la salsa napolitana

INGREDIENTES

450 g de espinacas cocidas
250 g de queso *ricotta*
1 huevo batido
60 g de queso parmesano rallado
sal y pimienta negra recién molida
una pizca de nuez moscada recién rallada
16 canelones

Para la salsa bechamel

4 clavos de olor
1 cebolla blanca cortada por la mitad
600 ml de leche entera
1 hoja de laurel
45 g de mantequilla
45 g de harina
una pizca de nuez moscada recién rallada
sal y pimienta negra recién molida

Para la salsa napolitana

1 cda. de aceite de oliva extra virgen
1 cebolla roja pequeña bien picada
1 tallo de apio bien picado
2 dientes de ajo triturados
400 g de tomates de lata picados
75 ml de caldo de vegetales
hojas de albahaca troceadas

PREPARACIÓN

1 Escurra bien las espinacas y trocéelas. Ponga la *ricotta* en un bol y mezcle con el huevo batido y la mitad del parmesano. Añada las espinacas, mezcle y sazone al gusto con sal, pimienta y nuez moscada. Rellene los canelones con la mezcla y póngalos en una bandeja un poco engrasada.

2 Para hacer la salsa bechamel, incruste los clavos en la cebolla cortada por la mitad. Póngala a hervir a fuego lento en una cacerola con la leche y la hoja de laurel durante 4–5 min. Déjela en infusión en la leche hasta que se enfríe. En otra cacerola, derrita la mantequilla a fuego lento. Añada la harina y revuelva 30–40 s con una cuchara de madera hasta que la mezcla tome un tono amarillo algo tostado. Retire la cacerola del fuego. Cuele la leche encima y bata con energía para que la salsa quede homogénea. Ponga la cacerola a fuego medio, sin dejar de batir, 4–5 min o hasta que empiece a hervir. Cocine a fuego lento 5 min o hasta que la salsa quede sin grumos. Sazone.

3 Para hacer la salsa napolitana, caliente aceite en una olla y sofría despacio la cebolla 5–6 min o hasta que empiece a ablandarse. Añada el apio y el ajo, cocine 2 min. Agregue los tomates y el caldo, revuelva y hierva a fuego lento 15 min o hasta que los vegetales se ablanden y la salsa se reduzca un poco. Añada la albahaca y revuelva.

4 Precaliente el horno a 190 °C (gas 5). Vierta la bechamel sobre los canelones y añada la salsa por encima. Espolvoree el resto del queso. Hornee 35 min o hasta que la parte de arriba se dore y burbujee, y los canelones estén cocidos. Sirva con ensalada de brotes tiernos.

Para 4

Prep 35 min
• cocinar 35 min

Raviolis de espinacas y ricotta

En Italia, estos pequeños raviolis rellenos de queso y espinacas se suelen comer en Nochebuena

INGREDIENTES

200 g de harina
una pizca de sal
2 huevos batidos
1 cda. de aceite de oliva

Para el relleno

350 g de hojas de espinacas tiernas
200 g de queso *ricotta*
45 g de queso parmesano rallado
1 huevo batido
$\frac{1}{4}$ de cdta. de nuez moscada recién rallada
sal y pimienta negra recién molida
mantequilla derretida o aceite de oliva para servir

PREPARACIÓN

1 Vierta la harina y la sal en la superficie de trabajo, haga un hueco en el centro y eche el aceite y los huevos en él. Con las yemas de los dedos, junte la harina en el centro y mézclela poco a poco con los líquidos hasta formar una masa pegajosa. Amase 10 min o hasta que la masa quede suave y elástica. Envuélvala en plástico adherente engrasado y déjela reposar 30 min.

2 Mientras tanto, para hacer el relleno, ponga las espinacas en una olla. Cúbrala y cocine 2–3 min o hasta que las hojas se ablanden. Revuelva de vez en cuando. Escúrralas, retirando la mayor cantidad de agua posible, y trocéelas bien. Mézclelas con la *ricotta*, el parmesano, el huevo y la nuez moscada, y salpimiente al gusto.

3 Divida la pasta por la mitad y haga dos rectángulos de unos 3 mm de grosor. Mientras trabaja con una mitad, mantenga la otra semicubierta con un trapo. Con una cucharilla, ponga sobre la masa montoncitos de relleno, en fila y separados 4 cm entre sí. Sobre un rectángulo de pasta, pinte un poco con huevo batido los espacios que quedan entre los montones y cubra con la otra mitad de la masa. Presione la masa entre los montoncitos hasta que se pegue, procurando sacar todo el aire.

4 Corte entre los montoncitos con un cortapastas o un cuchillo afilado, formando raviolis cuadrados. Cubra con un paño enharinado y deje secar 1 h. Lleve a ebullición agua con sal en una olla grande y cocine los raviolis en tandas durante 4–5 min o hasta que suban a la superficie. Retírelos con una espumadera, sirva con mantequilla derretida o aceite de oliva y sazone al gusto con pimienta negra.

Para 4

Prep. 30 min,
más reposo
• cocinar 10–15 min

Orecchiette con tocineta

Un plato rápido y ligero

INGREDIENTES

450 g de *orecchiette*
2 cdas. de aceite de oliva suave
175 g de tocineta picada
2 calabacines picados
3 dientes de ajo triturados
½–1 cdta. de ají troceado
175 g de arvejas
sal y pimienta negra recién molida
6 cdas. de queso *pecorino* o parmesano rallado
3 cdas. de hojas de perejil picadas

PREPARACIÓN

1 Cocine la pasta en abundante agua hirviendo con sal durante 7–8 min o según indique el paquete.

2 Mientras tanto, caliente aceite en una sartén grande, añada la tocineta y fría hasta que se dore un poco. Añada los calabacines, los ajos, el ají y las arvejas, y fría unos 2–3 min o hasta que las arvejas estén bien cocinadas.

3 Escurra la pasta una vez cocida y agréguela a la sartén. Salpimiente y revuelva bien. Espolvoree con el queso y el perejil, y añada un chorrito de aceite antes de servir.

Para 4

Prep. 10 min
• cocinar 10 min

Macarrones primavera

Para esta receta se puede utilizar casi cualquier hortaliza de primavera,
como arvejas, calabacín o coliflor

INGREDIENTES
450 g de macarrones
350 g de brócoli
175 g de puntas de espárragos
115 g de guisantes sin puntas ni hebras
2 zanahorias grandes cortadas en julianas
2 cdas. de albahaca picada u orégano

Para la vinagreta
175 ml de aceite de oliva
6 cdas. de vinagre de vino
1 cda. de mostaza de Dijon
1 diente de ajo muy picado
sal y pimienta negra recién molida

PREPARACIÓN

1 Cocine los macarrones en mucha agua con sal 10–12 min o según indique el paquete.

2 Mientras tanto, cocine los vegetales al vapor 5–6 min o hasta que estén tiernos y crujientes.
Escúrralos bien, póngalos en un bol grande y añada la albahaca.

3 Para hacer la vinagreta, mezcle todos los ingredientes en un bol pequeño y bata con
un tenedor. Vierta la vinagreta sobre los vegetales. Escurra bien los macarrones. Añádalos
a los vegetales y revuelva suavemente para mezclarlos.

Para 4–6

Prep. 20 min
• cocinar 10 - 12 min

Espaguetis mar y montaña

Los ingredientes, como indica el nombre de este popular plato de pasta, son de mar y montaña

INGREDIENTES

15 g de porcini secos lavados
300 ml de agua hirviendo
2 cdas. de aceite de oliva extra virgen
150 g de champiñones pequeños
2 dientes de ajo muy picados
1 hoja de laurel
150 ml de vino blanco
6 tomates pera maduros, pelados,
   sin semillas y troceados (véase p. 7)
225 g de langostinos cocidos
sal y pimienta negra recién molida
400 g de espaguetis
eneldo para decorar (opcional)

PREPARACIÓN

1 Ponga los porcini en un bol y cubra con la mitad del agua hirviendo. Deje en remojo 30 min. Retírelos con una espumadera y trocéelos. Luego, escúrralos en un colador y reserve el agua del remojo.

2 Caliente aceite en una sartén grande. Añada los porcini y los champiñones, y dórelos sin dejar de revolver. Añada el ajo y cocine 30 s. Agregue el agua del remojo reservada y el laurel, y hierva a fuego lento hasta que se reduzca a un jugo espeso. Baje el fuego al mínimo.

3 Agregue el vino y los tomates troceados, previamente pelados y sin semillas. Hierva a fuego lento 7–8 min o hasta que el líquido se consuma un poco y los tomates se deshagan. Retire el laurel, añada los langostinos y cocine 1 min o hasta que se cocinen bien. Salpimiente al gusto.

4 Mientras tanto, cocine los espaguetis en abundante agua con sal 10 min o según indique el paquete. Escúrralos bien y póngalos de nuevo en la olla. Añada la salsa, revuelva para que se mezcle bien y sirva inmediatamente adornado (si quiere) con eneldo.

Para 4

Prep. 15 min,
más remojo
• cocinar 15 min

Fideuá

Este plato español con una sabrosa mezcla de mariscos es saludable y saciante

INGREDIENTES

una pizca de azafrán en hebras

750 ml de caldo de pescado caliente

2–3 cdas. de aceite de oliva

1 cebolla blanca bien picada

2 dientes de ajo triturados

3 tomates maduros pelados, sin semillas
   y picados (véase p. 7)

1 cdta. de páprika dulce o ahumada

300 g de fideos o espaguetis finos en trocitos

225 g de gambas o langostinos crudos,
   pelados y desvenados

12 almejas o mejillones

225 g de pescado blanco, como merluza
   o rape, cortado en trozos de 2 cm

140 g de arvejas congeladas

sal y pimienta negra recién molida

2 cdas. de perejil fresco picado

PREPARACIÓN

1 Ponga las hebras de azafrán en un bol pequeño y añada 2 cdas. de caldo de pescado caliente. Reserve.

2 Caliente aceite a fuego medio en una sartén grande o paellera. Fría en ella la cebolla y el ajo, revolviendo con frecuencia, durante 5–8 min o hasta que la cebolla quede transparente. Añada los tomates y la páprika, y cocine 5 min. Agregue el azafrán con el líquido de remojo y la mitad del caldo restante, suba el fuego y lleve a ebullición.

3 Añada los fideos, baje el fuego y hierva 5 min a fuego lento sin tapar y revolviendo de vez en cuando. Incorpore los langostinos, las almejas, el pescado y las arvejas. Cocine 5 min o hasta que la pasta y el pescado estén cocidos. Si espesa demasiado, agregue más caldo. Salpimiente al gusto, espolvoree con el perejil y sirva inmediatamente.

Para 4

**Prep. 15 min
• cocinar 25 min**

**Golpee los
mejillones o
las almejas y
deseche los que
no se cierren**

Tallarines a la amatriciana

Los trocitos de tocineta y el ají rojo picante realzan el sabor
de esta salsa de tomate fresco

INGREDIENTES

2 cdas. de aceite de oliva extra virgen
115 g de tocineta cortada en dados
1 cebolla blanca bien picada
1 tallo de apio bien picado
2 dientes de ajo triturados
1 ají rojo picante sin semillas
   y muy picado
900 g de tomates maduros pelados,
   sin semillas y troceados (véase p. 7)
sal y pimienta negra recién molida
600 g de tallarines frescos o 450 g si son secos

PREPARACIÓN

1 Caliente el aceite en una olla antiadherente a fuego moderado y fría la tocineta 2–3 min o hasta
que empiece a dorarse. Retírela de la olla con una espumadera, dejando la grasa en la olla, y pásela
a un plato pequeño. Baje el fuego.

2 Añada la cebolla y el apio a la olla y fríalos 5–6 min o hasta que se ablanden. Agregue el ajo
y el ají, revuelva y fría 1 min. Agregue los tomates troceados, previamente pelados y sin
semillas, y salpimiente al gusto. Hierva a fuego lento, revolviendo de vez en cuando, durante
15 min o hasta que la salsa se reduzca y espese.

3 Mientras tanto, cocine la pasta en agua hirviendo con abundante sal durante 1–2 min si es
fresca o 10–12 min si es seca. En ambos casos debe quedar *al dente*. Escurra bien.

4 Devuelva la pasta a la olla, agregue la tocineta e incorpore la salsa. Revuelva suavemente,
sazone al gusto con sal y pimienta negra recién molida, y sirva.

Para 4

Prep. 20 min
• cocinar 25 min

Espaguetis a la puttanesca

Esta pasta picante es muy popular en Italia

INGREDIENTES

4 cdas. de aceite de oliva extra virgen

2 dientes de ajo bien picados

½ ají rojo fresco sin semillas y bien picado

6 anchoas de lata escurridas y bien picadas

115 g de aceitunas negras sin hueso y picadas

1–2 cdas. de alcaparras lavadas y escurridas

450 g de tomates pelados, sin semillas y troceados
   (véase p. 7)

450 g de espaguetis

perejil picado para servir

queso parmesano para servir

PREPARACIÓN

1 Caliente el aceite en una olla, añada el ajo y el ají, y saltee suavemente 2 min o hasta que el ajo adquiera color. Añada el resto de los ingredientes y revuelva, deshaciendo las anchoas hasta hacer una pasta.

2 Baje el fuego y deje hervir la salsa a fuego lento y destapada unos 10–15 min o hasta que espese. Revuelva a menudo.

3 Cocine los espaguetis en abundante agua salada 10 min o el tiempo que indique el paquete. Escúrralos.

4 Mezcle los espaguetis con la salsa y sírvalos espolvoreados con perejil y queso parmesano.

Para 4

Prep. 15 min
• cocinar 25 min

Lasaña al horno

Plato perfecto para una comida familiar o una fiesta informal

INGREDIENTES

1 cda. de aceite de oliva
1 cebolla blanca grande picada
2 tallos de apio picados
2 zanahorias pequeñas picadas
60 g de tocineta cortada en dados
500 g carne de ternera molida
400 g de tomates picados
1 cdta. de orégano seco
sal y pimienta negra recién molida
50 g de mantequilla
50 g de harina
600 ml de leche
150 g de queso *ricotta*
12 hojas de lasaña precocinadas
50 g de queso parmesano rallado

PREPARACIÓN

1 Para hacer la salsa de carne, caliente aceite en una olla y saltee la cebolla, el apio, la zanahoria y la tocineta 5 min o hasta que empiecen a dorarse. Añada la carne y cocínela hasta que se haga, desmenuzándola con el canto de una cuchara. Agregue los tomates, el orégano y 150 ml de agua. Cuando rompa a hervir, baje el fuego y cocine la salsa 40 min.

2 Mientras tanto, para hacer la bechamel, derrita la mantequilla en una olla pequeña, añada la harina y revuelva. Cocine a fuego lento 1 min, revolviendo. Retire la olla del fuego y añada la leche poco a poco sin dejar de batir. Vuelva a poner la olla al fuego y revuelva constantemente, hasta que la salsa espese. Salpimiente al gusto y agregue el queso *ricotta*.

3 Precaliente el horno a 190 °C (gas 5). Extienda un poco de bechamel sobre la base de una bandeja para horno. Cubra con hojas de lasaña y reparta uniformemente sobre ellas un tercio de la salsa de carne. Añada 1–2 cdas. de bechamel sobre la salsa y cubra con otra capa de hojas de lasaña.

4 Repita hasta terminar las hojas y la salsa, y remate con una buena capa de bechamel. Espolvoree con parmesano y hornee 45 min o hasta que esté muy caliente y la salsa borbotee.

Para 4

Prep. 25 min
• cocinar
1 h 35 min

Bandeja de horno
poco honda
de 20x30 cm

Pasta a la carbonara

Un clásico italiano

INGREDIENTES

450 g de pasta seca, como tallarines o espaguetis
4 cdas. de aceite de oliva
175 g de tocineta sin ahumar, sin corteza y muy picada
2 dientes de ajo triturados
5 huevos grandes
75 g de queso parmesano rallado más un poco para servir
75 g de queso *pecorino* rallado más un poco para servir
pimienta negra recién molida
ramitas de tomillo para decorar

PREPARACIÓN

1 Lleve a ebullición agua con sal en una olla. Añada la pasta y cocínela 10 min o lo que indiquen las instrucciones del paquete, hasta que esté *al dente*.

2 Mientras tanto, caliente la mitad del aceite en una sartén grande a fuego medio. Agregue la tocineta y el ajo. Rehogue 5–8 min o hasta que la tocineta esté crujiente.

3 Bata los huevos con los quesos y añada pimienta al gusto. Escurra bien la pasta y vuelva a ponerla en la olla. Vierta los huevos, la tocineta y el aceite restante, y revuelva hasta que la pasta se impregne bien. Sírvala caliente, espolvoreada con más queso y decorada con las ramitas de tomillo.

Para 4–6

Prep.10 min
• cocinar 10 min

Lasaña mediterránea

Un sencillo plato de pasta vegetariano lleno de sabor italiano

INGREDIENTES

6 berenjenas pequeñas cortadas por la mitad a lo largo
1 pimiento rojo grande sin semillas y en rodajas
2 champiñones grandes en trozos
sal y pimienta negra recién molida
375 g de hojas de lasaña frescas
500 ml de salsa de tomate (véase p. 8)
350 g de *mozzarella* en rodajas finas
225 g de queso *ricotta*
4 cdas. de queso parmesano rallado

PREPARACIÓN

1 Precaliente el horno a 190 °C (gas 5) y caliente la parrilla a alta temperatura.

Ase las berenjenas, los pimientos rojos y los champiñones 5–10 min o hasta que se ablanden sin deformarse. Salpimiente al gusto.

2 Sumerja brevemente las hojas de pasta en un bol con agua tibia y escurra. Luego, engrase ligeramente una bandeja para horno y añada un cucharón de salsa de tomate. Cubra con las hojas de lasaña, los vegetales, otro cucharón de salsa, la *mozzarella* y la *ricotta*. Repita la operación y remate con salsa de tomate y una capa de vegetales. Espolvoree con parmesano.

3 Cubra la bandeja con papel de aluminio engrasado. Es importante que quede bien cubierta para que la pasta se cocine sin secarse. Hornee 30–40 min.

4 Retire el papel, vuelva a llevar la bandeja al horno y gratine 15 min o hasta que la superficie se dore y los bordes burbujeen. Deje reposar 10 min antes de servir.

Para 4

Prep. 20 min, más reposo
• cocinar
1 h 10 min

Bandeja de horno
poco honda
de 20x15 cm

Espaguetis con almejas

Este sencillo plato de pasta saca el máximo partido al sabor a mar de las almejas frescas

INGREDIENTES

15 g de mantequilla
5 cdas. de aceite de oliva
2 dientes de ajo picados
115 g de pan rallado
sal y pimienta negra recién molida
350 g de espaguetis
½ cdta. de ajíes rojos triturados
75 ml de vino blanco seco
1,1 kg de almejas vivas
1 cda. de aceite de oliva extra virgen
2 cdas. de queso parmesano rallado
4 cdas. de perejil fresco picado

PREPARACIÓN

1 Caliente la mantequilla con 2 cdas. de aceite de oliva en una sartén grande, añada un diente de ajo y revuelva. Agregue el pan rallado y fría 2 min, revolviendo con suavidad, o hasta que el pan se dore. Retire del fuego y salpimiente.

2 Cocine los espaguetis en agua y sal en una olla hirviendo según el tiempo indicado en el paquete. Escúrralos bien.

3 Mientras tanto, caliente el aceite restante en una sartén, añada el otro ajo y el ají triturado, y sofríalos 1 min a fuego moderado. Agregue el vino, salpimiente, lleve a ebullición y añada las almejas previamente lavadas. Tape y cocine a fuego alto 4–5 min. Sacuda la sartén a menudo hasta que las almejas se abran.

4 Retire las almejas con una espumadera y luego cocine la salsa, destapada, hasta que se reduzca a la mitad.

5 Vuelva a poner las almejas en la olla junto con los espaguetis, y revuelva. Sírvalos con un chorrito de aceite y espolvoreados con el pan rallado, el parmesano y el perejil.

Para 4

Prep. 20 min
• cocinar 15 min

Lave las almejas, golpee las conchas y deseche las que no se cierren

Pasta con anchoas, ají y limón

Este plato rápido es sencillo, pero está repleto de sabores intensos

INGREDIENTES

1 cda. de aceite de oliva
2 cebollas rojas muy picadas
sal
2 dientes de ajo machacados o bien picados
1 ají rojo, sin semillas y muy picado
1 ají verde, sin semillas y muy picado
ralladura y jugo de 1 limón
350 g de tallarines o espaguetis secos
12 anchoas en aceite, escurridas
1 manojo de perejil, bien picado

PREPARACIÓN

1 Caliente el aceite en una sartén grande y sofría la cebolla con un poco de sal a fuego suave 5 min o hasta que esté tierna y transparente. Añada el ajo, los ajíes y la ralladura de limón. Cocínelos unos minutos más, revolviendo para que no se dore.

2 Mientras tanto, cocine la pasta en una cacerola grande con agua hirviendo y sal 6–8 min o hasta que esté cocida pero todavía *al dente*. Escúrrala y reserve una pequeña cantidad del agua de la cocción. Devuelva la pasta a la cacerola y revuélvala.

3 Agregue las anchoas al sofrito y mézclelo todo con la pasta. Añada luego el perejil y mezcle de nuevo. Rocíe con jugo de limón y sirva.

Para 4

Prep. 10 min
• cocinar 10 min

Macarrones con salchichas y alcachofas

Los sabores rotundos de este plato de pasta le invitarán a repetir

INGREDIENTES

1 cda. de aceite de oliva
1 cebolla blanca picada
sal y pimienta negra recién molida
1 ají rojo, sin semillas y bien picado
6 salchichas de cerdo de buena calidad,
    sin el pellejo y picadas
1 pizca de orégano seco
1 lata de 400 g de corazones de alcachofa,
    escurridos y en trozos
3 tomates, pelados y en dados (véase p. 7)
1 puñado de aceitunas negras sin hueso
350 g de macarrones secos

PREPARACIÓN

1 Caliente el aceite en una sartén grande, sofría la cebolla con un poco de sal a fuego suave 5 min o hasta que esté tierna y transparente. Añada el ají y deje que se cocine unos segundos más. Incorpore luego las salchichas y deshágalas un poco con el dorso de un tenedor. Deje al fuego unos 10 min o hasta que pierdan su color rosado, revolviendo de vez en cuando. Agregue luego el orégano y las alcachofas, y continúe cocinando unos minutos más. Incorpore los tomates y las aceitunas, y luego salpimiente.

2 Mientras tanto, cocine la pasta en una cacerola grande de agua hirviendo con sal 10 min o hasta que esté cocida pero todavía *al dente*. Escúrrala pero reserve una pequeña cantidad del agua de la cocción. Devuelva la pasta a la cacerola, mézclela bien con el sofrito y sirva.

Para 4

Prep. 10 min
• cocinar 20 min

Espaguetis al pesto con piñones

Guarde su pesto fresco en un recipiente, cubierto con una capa de aceite de oliva; se conservará en el refrigerador hasta una semana

INGREDIENTES

1 puñado de albahaca
2 dientes de ajo picados
50 g de queso parmesano rallado
3 cdas. de piñones, 1 de ellas tostada
4 cdas. de aceite de oliva
sal y pimienta negra recién molida
350 g de espaguetis secos

PREPARACIÓN

1 Pase la albahaca, el ajo, el parmesano y las 2 cucharadas de piñones sin tostar por un procesador de alimentos; triture unos segundos. Devuelva al fondo lo que se haya pegado a las paredes, coloque la tapa y, con el motor en marcha, añada poco a poco el aceite de oliva hasta obtener una pasta emulsionada. Salpimiente.

2 Cocine la pasta en una cacerola grande de agua hirviendo con sal 6 min o hasta que esté cocida pero todavía *al dente*. Escúrrala y reserve una pequeña cantidad del agua de la cocción. Devuelva la pasta a la cacerola y mézclela con el pesto. Sirva con los piñones tostados por encima.

Para 4

Prep. 5 min
• cocinar 12 min

Procesador de
alimentos

Tallarines con calabacines y azafrán

El azafrán aporta un toque mediterráneo a este plato cremoso de calabacines

INGREDIENTES

1 cda. de aceite de oliva

1 cebolla blanca bien picada

3 dientes de ajo machacados o bien picados

1 pizca de hebras de azafrán

3–4 calabacines (según tamaño) en dados

sal y pimienta negra recién molida

200 ml de crema de leche líquida

1 pizca de ají seco picado (opcional)

225 g de tallarines secos

1 manojo de perejil bien picado (opcional)

50 g de queso parmesano rallado

PREPARACIÓN

1 Caliente el aceite en una sartén grande y sofría la cebolla a fuego medio 5 min o hasta que esté tierna y transparente. Añada el ajo y el azafrán, deje unos segundos más e incorpore los calabacines. Salpimiente generosamente. Agregue la crema de leche y el ají (si lo desea), y deje con un hervor suave unos 4 min.

2 Mientras tanto, cocine la pasta en una cacerola grande de agua hirviendo con sal 6 min o hasta que esté cocida pero todavía *al dente*. Escúrrala y reserve una pequeña cantidad del agua de la cocción. Devuelva la pasta a la cacerola y revuelva.

3 Mezcle bien la pasta con la salsa. Añada el perejil si lo desea y mezcle de nuevo. Espolvoree por encima el parmesano y sirva.

Para 4

Prep. 10 min
• cocinar 15 min

Pasta con salsa de berenjenas

Use conchas de pasta grandes, para que queden jugosas al recoger la salsa en su interior

INGREDIENTES

1 berenjena grande, en dados
sal y pimienta negra recién molida
2–3 cdas. de aceite de oliva
½ vaso pequeño de vino tinto
1 cebolla blanca picada
2 dientes de ajo machacados o muy picados
1 lata de 400 g de tomates troceados
1 pizca de orégano seco
1 cdta. de pesto a la siciliana (rojo)
350 g de conchas de pasta seca grandes
queso parmesano, rallado, para servir (opcional)

PREPARACIÓN

1 Coloque los dados de berenjena en un colador y espolvoree bien con sal. Cúbralo con un plato y ponga un peso encima durante 10 min para extraer el líquido amargo.

2 Caliente el aceite en una sartén grande y sofría los dados de berenjena a fuego medio 4–6 min o hasta que se doren. Añada el vino, suba el fuego y deje evaporar un par de minutos. Agregue la cebolla y el ajo; sofríalos unos segundos. Incorpore luego los tomates y revuelva. Añada entonces el orégano y el pesto, y deje 15 min con un hervor suave.

3 Mientras tanto, cocine la pasta en una cacerola grande de agua hirviendo con sal 10 min o hasta que esté cocida pero todavía *al dente*. Escúrrala y reserve una pequeña cantidad del agua de la cocción. Devuelva la pasta a la cacerola. Pruebe la salsa y salpimiente. Mézclela con la pasta y, si quiere, espolvoree con queso parmesano rallado. Sirva.

Para 4

Prep. 10 min
• cocinar 25 min

Fideos de Singapur

Este plato combina la delicadeza de la cocina china, el picante de las especias indias y la fragancia de las hierbas malayas

INGREDIENTES

2 cdas. de aceite vegetal
140 g de pechuga de pollo sin piel ni huesos
    cortada en tiras finas
140 g de langostinos crudos pelados
1 cebolla blanca bien picada
½ pimiento rojo sin semillas y cortado en tiras
1 *pak choi* (repollo o col china) en rodajas finas
2 dientes de ajo muy picados
1 ají rojo sin semillas y muy troceado
115 g de brotes de soya
1 cda. de pasta de *curry*
2 cdas. de salsa de soya
150 g de fideos finos al huevo
2 huevos grandes batidos
cilantro para decorar

PREPARACIÓN

1 Caliente la mitad del aceite en un *wok*, añada el pollo y saltee 1 min. Luego, añada los langostinos y saltee 2 min. Retire del *wok* y reserve.

2 Agregue el resto del aceite al *wok* y saltee la cebolla 2 min. Añada el pimiento, el *pak choi*, el ajo y el ají, y cocine otros 2 min.

3 Añada los brotes de soya, saltee 30 s, añada la pasta de *curry* y la salsa de soya, y saltee 1 min. Agregue los fideos, vierta los huevos encima y mezcle todo bien en el fuego 1 min, o hasta que el huevo empiece a cuajarse.

4 Vuelva a poner el pollo y los langostinos en el *wok* y saltee 1 min. Sirva espolvoreado con cilantro.

Para 4

Prep. 15 min
• cocinar 10 min

Wok

Fideos soba con langostinos y aguacate

Originarios de Japón, estos fideos suelen hacerse con harina de trigo sarraceno y se sirven con caldo frío o caliente, en salsa o aliñados

INGREDIENTES

250 g de fideos *soba*
45 g de algas *wakame* secas
2 cdas. de aceite vegetal o de maní
16 langostinos crudos pelados, desvenados
   y dejando el extremo de la cola
6 hongos *shiitake* en láminas
4 tomates *cherry* en mitades
2 cdas. de jengibre encurtido, lavado y muy picado
4 cdas. de *mirin* (vino de arroz)
2 cdas. de vinagre de arroz
2 cdas. de salsa de soya japonesa
1 aguacate pelado y en rodajas
2 cdas. de semillas de ajonjolí
2 cdas. de hojas de cilantro picadas

PREPARACIÓN

1 Cocine los fideos en una olla con agua caliente el tiempo que se indica en el paquete o hasta que estén tiernos. Escurra y pase por agua del grifo hasta que se enfríen. Escurra de nuevo y reserve en un bol.

2 Sumerja las algas en agua fría hasta que se ablanden. Luego, escúrralas y córtelas en tiras. Reserve.

3 Caliente aceite en una sartén o un *wok*, añada los langostinos y los hongos, y sofríalos 1 min. Añada los tomates y fría otro minuto, o hasta que los langostinos se vuelvan rosados, y los hongos y los tomates estén blandos. Reserve, deje enfriar y agregue los fideos.

4 Haga el aliño mezclando el jengibre encurtido, el vino de arroz, el vinagre y la salsa de soya. Añada la salsa, las algas y el aguacate a los fideos y los vegetales. Revuélvalo todo suavemente.

5 Sirva los fideos en 4 platos y espolvoree con semillas de ajonjolí y cilantro picado.

Para 4

Prep. 15 min,
más reposo
• cocinar 15 min

Fideos de arroz crujientes con ternera

Mezcla de texturas crujientes y sabores asiáticos

INGREDIENTES

aceite de maní para freír

140 g de fideos de arroz crujientes

2 cdas. de salsa de ostras

3 cdas. de salsa oscura de soya

1 cda. de azúcar morena

350 g de solomillo en tiras

2 dientes de ajo en láminas finas

1 cdta. de jengibre rallado

12 espárragos finos cortados en trozos
de 2,5 cm de longitud

6 cebollas largas cortadas en trozos
de 2,5 cm de longitud

aceite de ajonjolí tostado

2 cdtas. de marañones tostados picados

PREPARACIÓN

1 Caliente en una sartén grande abundante aceite a 190 °C o hasta que un trozo de pan duro tarde menos de 1 min en dorarse. Trocee los fideos y fríalos en tandas unos segundos o hasta que estén blancos y crujientes. Retire y escúrralos en papel de cocina. Manténgalos calientes.

2 Mezcle la salsa de ostras, la salsa de soya, el azúcar y 1 cdta. de agua. Reserve. Caliente 2 cdas. de aceite en un *wok* a fuego alto y, sin dejar de revolver, sofría la carne 2 min o hasta que se dore. Retírela.

3 Añada más aceite y fría el ajo y el jengibre 30 s sin dejar de revolver. Añada los espárragos y las cebollas, fría removiendo 2 min, agregue la salsa y vuelva a poner la carne en el *wok*. Cocine 1 min y rocíe con aceite de ajonjolí.

4 Cubra los fideos con el sofrito, esparza los marañones y sirva.

Para 4

Prep. 20 min
• cocinar 15 min

Sartén grande
• *wok*

Fideos tailandeses

Un plato vistoso y aromático con los sabores de Tailandia

INGREDIENTES

175 g de fideos de arroz finos
1 tallo de hierba de limón
3 cdas. de aceite de maní o similar
3 pechugas de pollo sin piel ni huesos, cortadas
en tiras finas
1 cebolla blanca en rodajas
1 cdta. de jengibre rallado
1 ají rojo fresco sin semillas y bien troceado
1 pimiento anaranjado sin semillas y en tiras
115 g de hongos *shiitake*
2 *pak choi* (repollo o col china) en julianas
2 cdas. de salsa de soya suave
1 cda. de salsa tailandesa de pescado
1 cdta. de salsa de ají dulce

PREPARACIÓN

1 Ponga en remojo los fideos en un bol con agua hirviendo hasta que se ablanden o según indiquen las instrucciones del paquete. Escurra y reserve. Mientras tanto, quite y deseche las hojas del tallo de la hierba de limón y corte el extremo más duro. Trocéelo muy fino.

2 Caliente 2 cdas. de aceite en un *wok* y, sin dejar de revolver, fría el pollo a fuego alto 2–3 min o hasta que se dore ligeramente. Retire de la sartén y reserve.

3 Baje el fuego a la mitad, añada el aceite restante y fría la cebolla 2 min, revolviendo. Agregue la hierba de limón, el jengibre, el ají, el pimiento y los hongos, y fría 2 min, revolviendo.

4 Añada el *pak choi* y fría otros 2 min, revolviendo. Vuelva a poner el pollo en el *wok* y añada los fideos. Agregue salsa de soya, de pescado y de ají dulce y mezcle todo en el fuego 2–3 min o hasta que esté muy caliente y el pollo bien cocido. Sirva enseguida.

Para 4

**Prep. 20 min
• cocinar 15 min**

Wok

Fideos hokkien con cerdo char-sui

El *char-sui* es un solomillo de cerdo marinado en salsa de soya *hoisin*, salsa de ostras y pimientos rojos, que, a la brasa, adquiere un tono escarlata

INGREDIENTES

45 g de hongos chinos secos, como oreja de ratón
2 cdas. de salsa de ostras
2 cdas. de salsa de soya suave
1 cda. de miel clara
2 cdas. de aceite de maní o similar
2 dientes de ajo triturados
2 cdtas. de jengibre fresco rallado
1 pimiento rojo sin semillas y muy troceado
140 g de guisantes
500 g de fideos *hokkien* frescos (fideos de huevo gruesos) o fideos chinos
350 g de cerdo *char-sui** en tiras finas

PREPARACIÓN

1 Ponga los hongos en un bol refractario, cúbralos con agua hirviendo y deje en remojo 30 min. Cuele los hongos y córtelos en tiras finas.

2 Ponga a hervir agua en una olla grande para cocinar los fideos. En un bol pequeño, mezcle las salsas de ostras y de soya, y la miel.

3 Caliente el aceite en un *wok* o una sartén grande. Sofría el ajo y el jenjibre durante 30 s. Añada el pimiento rojo, fríalo 3 min, y luego, los guisantes y los hongos durante 1 min.

4 Ponga los fideos en la olla de agua hirviendo suavemente y cocínelos 1 min hasta que estén listos. Mientras tanto, añada el cerdo al *wok*, vierta la mezcla de salsa de ostras y revuelva durante 1 min, hasta que todo esté bien caliente. Escurra los fideos, mézclelos con el salteado de cerdo y vegetales, y sirva de inmediato.

---

*   Use cerdo laqueado o asado como alternativa al cerdo *char-sui*.

Para 4

Prep. 20 min,
más remojo
• cocinar 10 min

Ensalada vietnamita de fideos y ternera

La papaya verde aporta un toque refrescante a muchas ensaladas
del Sureste Asiático

INGREDIENTES

350 g de solomillo de ternera o filete de cadera grueso

200 g de fideos de arroz crujientes

250 g de papaya verde pelada, sin semillas y cortada
en bastoncillos o rallada gruesa

4 cdas. de maní tostado sin sal poco picado

Para la salsa

1 cdta. de puré de hierba de limón

1 cdta. de jengibre fresco rallado muy fino

2 cdas. de cilantro picado

2 cdas. de salsa *nuoc mam* vietnamita
o de salsa de pescado tailandesa

2 cdas. de menta picada

jugo de 2 limas

1 cdta. de azúcar morena

2 ajíes rojos frescos sin semillas y muy troceados

PREPARACIÓN

1 Precaliente la parrilla a alta temperatura. Tras quitarle la grasa, ase la carne 3–4 min por cada
lado o hasta que se dore por fuera pero esté poco roja por dentro. Reserve al menos 15 min antes
de cortarla en tiras.

2 Blanquee los fideos de arroz hasta que se ablanden o según indique el paquete. Escúrralos,
lávelos con agua fría y córtelos con unas tijeras de cocina en trozos de un tamaño manejable.
Reserve.

3 Para hacer la salsa, mezcle la hierba de limón, el jengibre, el cilantro, la salsa de pescado, la
menta, el jugo de lima, el azúcar y los ajíes.

4 Vierta los fideos, la papaya y la carne en una bandeja, y añada la salsa. Revuelva un poco y
agregue el maní antes de servir.

---

* Use crema de limón como alternativa al puré de hierba de limón.

Para 4

Prep. 20 min,
más reposo
• cocinar 8 min

Pad thai

Uno de los platos nacionales de Tailandia, donde a menudo se sirve
envuelto en una tortilla fina

INGREDIENTES

2 cdas. de cilantro picado
1 ají rojo tailandés sin semillas y muy picado
4 cdas. de aceite vegetal
250 g de langostinos crudos y pelados
4 cebollas chalote bien picadas
1 cda. de azúcar
4 huevos grandes batidos
2 cdas. de salsa de ostras
1 cda. de salsa tailandesa de pescado
jugo de 1 lima
350 g de tallarines de arroz, cocidos según las instrucciones del paquete
250 g de brotes de soya
4 cebollas largas en rodajas
115 g de maní tostado sin sal picado
1 lima cortada en cuartos para servir

PREPARACIÓN

1 Mezcle el cilantro, el ají y el aceite. Caliente la mitad de la mezcla en un *wok*, añada los
langostinos y sofría 1 min, revolviendo. Retire y reserve.

2 Añada el aceite restante al *wok* y fría las cebollas chalote 1 min. Agregue el azúcar y los
huevos, y cocínelos 1 min revolviendo frecuentemente para hacer un revuelto cuando los huevos
empiecen a cuajar.

3 Agregue las salsas de ostras y de pescado, el jugo de lima, los tallarines y los brotes, y vuelva
a echar los langostinos al *wok*. Fría 2 min, revolviendo, y después añada las cebollas largas y la
mitad del maní. Revuelva bien 1–2 min o hasta que esté muy caliente.

4 Para servir, reparta todo en 4 boles, esparza el maní restante por encima y decore con los
cuartos de lima.

Para 4

**Prep. 20 min
• cocinar 10 min**

Wok

Fideos con pollo

Un vistoso plato chino lleno de sabores y texturas que contrastan entre sí

INGREDIENTES

aceite vegetal para freír
2 pechugas de pollo sin piel ni huesos
    cortadas en trozos pequeños
½ ají sin semillas troceado
½ pimiento verde sin semillas y picado
½ pimiento amarillo o anaranjado, sin semillas y picado
2,5 cm de jengibre fresco pelado y rallado
115 g de hongos *shiitake* cortados en cuartos
120 ml de caldo de pollo
2 cdas. de salsa de tomate
2 cdas. de salsa de soya suave
1 cdta. de harina de maíz
350 g de fideos de huevo frescos medianos
unas gotas de aceite de ajonjolí tostado
2 cdas. de ajonjolí para decorar

PREPARACIÓN

1 Caliente 1 cda. de aceite en un *wok*. Añada el pollo y revuelva 3 min. Retire del fuego y reserve.

2 Agregue los pimientos, el ají, el jengibre y los hongos al *wok* y fría 3 min, revolviendo.

3 Mezcle el caldo de pollo, la salsa de tomate, la salsa de soya y la harina de maíz hasta formar una pasta suave. Vuelva a poner el pollo en el *wok*, añada los fideos e incorpore la salsa. Remueva bien durante 3 min o hasta que esté muy caliente.

4 Justo antes de servir, rocíe el plato con aceite de ajonjolí, espolvoree las semillas de ajonjolí y sirva.

Para 4

**Prep. 20 min
• cocinar 10 min**

Wok

Sopa de fideos y hongos secos

Las sabores de esta sopa se desarrollan mejor si se prepara
con unas horas de anticipación

INGREDIENTES

1 paquete de 25 g de champiñones secos (*shiitake*, de cardo,
    porcini), lavados
1 cda. de aceite de ajonjolí o girasol
1 trozo de jengibre fresco de 5 cm, cortado en tiras finas
2 paquetes de 150 g de fideos *udon* gruesos o medianos, listos
    para el *wok*
1,2 litros de caldo de vegetales caliente
2 cdas. de salsa de soya ligera
2 cdas. de salsa de pescado tailandesa, como la *nam pla*
sal y pimienta negra recién molida
1 chorrito de aceite aromatizado de ají, al gusto

PREPARACIÓN

1 Ponga los champiñones secos en un bol y cúbralos con unos 300 ml de agua hirviendo. Déjelos
en remojo 20–30 min.

2 Caliente el aceite de ajonjolí o girasol en una cacerola ancha y poco profunda a fuego suave.
Añada el jengibre y espere 2–3 min hasta que despida aroma. Incorpore los fideos y muévalos
un par de minutos para separarlos. Vierta el caldo caliente, la salsa de soya, la salsa de pescado,
y lleve a ebullición.

3 Mientras tanto, escurra los champiñones en un colador (reserve el líquido). Agréguelos a la
cacerola y baje el fuego. Cuele el líquido reservado para eliminar la arenilla y viértalo en la
cacerola. Deje con un hervor suave 20–30 min.

4 Pruebe y condimente con sal y pimienta. Rocíe con aceite aromatizado al gusto y sirva caliente.

Para 4

**Prep. 10 min,
más remojo
• cocinar 20 min**

GLOSARIO
TÉRMINOS Y EQUIVALENCIAS

Aguacate: palta, pagua.

Ajonjolí: sésamo.

Ají: chile.

Arveja: alverja, chícharo, guisante.

Blanquear: Escaldar. Sumergir los alimentos en agua hirviendo durante un breve lapso y luego en agua helada para detener la cocción.

Calabacín: zucchini, calabacita.

Cebolla blanca: cebolla dulce, cebolla cabezona, cebolla perla.

Cebolla chalote: escalonia, cebolla ocañera, chalota, cebolla paiteña.

Cebolla larga: cebolleta, cebolla puerro, cebolla verde, cebolla de verdeo.

Chipirones: calamares pequeños.

Cuchillo puntilla: cuchillo pequeño para pelar vegetales y frutas o cortar sin necesidad de apoyar el alimento en la tabla. A veces se usa para deshuesar.

Maní: cacahuate.

Marañón: castaña de cajú, cajuil, anacardo.

Miel clara: glucomiel, miel de maíz.

Porcini: tipo de hongo. Boletus.

Solomillo: lomo de res.

Tocineta: panceta, tocino.

Tomate: jitomate.

Vieiras: *scallops*, conchas de abanico.

ÍNDICE

Los ítems en cursiva indican técnicas

DK

Londres, Nueva York, Melbourne,
Munich y Nueva Delhi

Diseño Elma Aquino

Auxiliar de edición Shashwati Tia Sarkar

Diseño de cubierta Nicola Powling

Producción Jennifer Murray

Índice analítico Marie Lorimer

DK INDIA

Consultoría editorial Dipali Singh

Diseño Neha Ahuja

Diseño de maqueta Tarun Sharma

Coordinación de maquetación Sunil Sharma

Coordinación de publicaciones Aparna Sharma

Material publicado originalmente en Reino Unido
en *The Cooking Book* (2008) y en *Cook Express* (2009)
por Dorling Kindersley Limited
80 Strand, Londres WC2R 0RL

Copyright © 2008, 2009 Dorling Kindersley
© Traducción en español Dorling Kindersley 2011

ISBN: 978-0-1424-2487-2

Impreso y encuadernado en South China Printing Co. Ltd, China

Descubre más en
www.dk-es.com